글 이묘신

2002년 MBC창작동화대상에 단편 동화 「꽃배」가 당선되었습니다. 2005년 「애벌레 흉터」 외 5편으로 푸른문학상 새로운 시인상을, 2019년 동시집 『안이 궁금했을까 밖이 궁금했을까』로 서덕출 문학상을 받았습니다. 동시집 『책벌레 공부벌레 일벌레』, 『너는 1등 하지 마』, 『눈물 소금』과 그림책 『쿵쾅! 쿵쾅!』, 『후루룩후루룩 콩나물죽으로 십 년 버티기』, 『신통방통, 동물의 말을 알아듣는 아이』, 동화책 『강아지 시험』 등이 있습니다.

그림 김순영

현재 그림 작가로 활동하고 있습니다. 아이들에게 재미난 이야기를 들려주고 싶어서 열심히 창작활동을 하고 있습니다. 쓰고 그린 책으로 『장독대의 비밀』, 『울다가 웃으면 똥구멍에 털 난다고?』, 『내 생각 먼저 물어봐 주세요』가 있으며, 그린 책으로 『하늘에서 내려온 해모수』, 『임금님이 주신 부채』 등이 있습니다.

어디로 갔을까?

2023년 1월 1일 초판 1쇄 발행

글·그림 | 이묘신·김순영
펴낸이 | 김수왕
책임편집 | 황수대
편집디자인 | 윤영진
펴낸곳 | 도서출판 초록달팽이
출판등록 | 제572-2021-000022호
주소 | 28655 충북 청주시 서원구 무심서로 471, 201호
이메일 | dalpaeng-i@naver.com

ⓒ 이묘신·김순영 2023
ISBN 979-11-974638-4-6 77810

* 이 책 내용의 일부 또는 전부를 재사용하려면 반드시 저작권자와
  도서출판 초록달팽이 양측의 동의를 받아야 합니다.

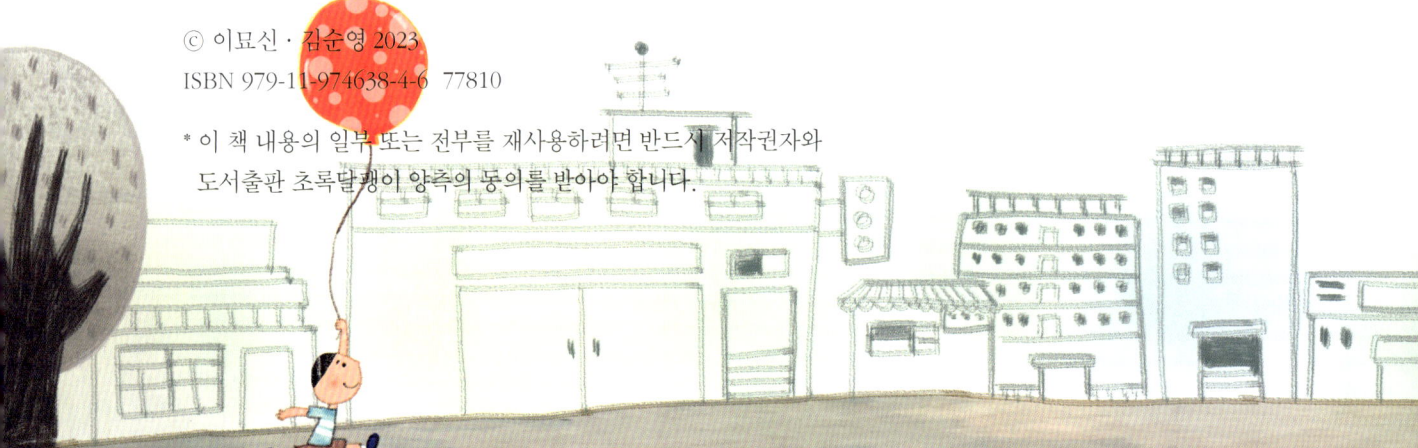

어디로 갔을까?

글 이묘신 · 그림 김순영

초록달팽이

"우리도 바다에 가자."
"아빠 바쁘니까 다음에 가자. 오늘은 친구하고 놀아."
"치이, 민수도 바다에 갔는데. 혼자서는 재미없단 말이야."
투덜거리며 연호는 집을 나섰어요.
"멀리 가지 마. 소나기 내릴지 몰라."

"뭐하고 놀지?"
시무룩하던 연호 눈에 작은 상자가 보였어요.
그 안에는 색색깔의 분필이 들어있었지요.
연호는 아파트 마당에 줄을 그었어요.

"어? 파도 같네. 그럼 여기는 바다잖아."
바닷속은 텅 비어있었어요.
연호는 초록색 분필로 물고기를 그렸어요.

"길쭉이 물고기는 심심하겠다. 친구 만들어 줘야지."
연호는 슥슥 물고기를 그렸어요.
"헤엄치다 힘들면 걸어 다닐 거야."
연호는 쿡, 웃음이 났어요.

"어떤 물고기를 그릴까?"
연호는 별무늬를 가진 물고기를 그렸어요.
"밤 되면 반짝반짝 빛이 날 거야."
텅 비어있던 바닷속에 물고기들이 늘어갔어요.

그때였어요.
"우와! 재밌겠다."
고개를 들어보니 모르는 아이였지요.
"난 유미야. 이사 왔어."
"그래? 난 연호야. 너도 그려볼래?"

유미는 날개 달린 물고기를 그렸어요.
"와! 천사 물고기다."
연호는 뿔 달린 물고기를 그렸어요.
"뿔이 멋지다! 괴물 물고기도 물리칠 거야."
유미 말에 연호는 신이 났어요.

"이번엔 어떤 물고기를 그릴까?"
고개를 갸웃거리던 유미가 손뼉을 쳤어요.
"그래, 난 꼬리 많은 물고기를 그릴 거야."
꼬리마다 예쁜 리본도 달아주었지요.

"바닷속에는 무서운 물고기도 있겠지?"
연호는 커다란 입속에 뾰족 이빨을 가득 그렸어요.
"어휴, 좀 무섭다."
유미 말에 연호가 말했어요.
"꼭 화난 엄마 같다. 히힛."

그때 엄마 목소리가 들렸어요.
"곧 소나기 내릴 텐데… 연호야!"
저쪽에서 엄마가 빠르게 걸어왔어요.
"어? 너, 낙서하지 말랬지?"

툭 투둑!
갑자기 빗방울이 떨어졌어요.
투둑 투두둑, 투두두두둑!
"저기 좀 봐. 봤어? 봤어?"
유미 눈이 동그래졌어요.
연호도 분명히 보았거든요.
물고기들이 꼬리를 파닥이는 것을.

빗줄기는 점점 굵어졌어요.
빗물은 점점 차올라 콸콸 흘러갔어요.
물고기들은 신나게 헤엄쳤어요.

"어휴, 소나기 한번 요란하네."
다시 햇볕이 쨍쨍 났어요.
"그런데 여기 낙서하면 안 된다고···어? 어디 갔지?"
엄마는 고개를 갸웃거렸어요.

"모두 어디로 갔을까?"